I0421731

Schießbuch
Nachweis und Analyse

Name, Vorname

Straße, Hausnummer

PLZ, Wohnort

Geburtsdatum E-Mail

Telefon Mobil

Verband

Mitglieds-Nr.

Eintritt am

Verein

Mitglieds-Nr.

Eintritt am

Datum & Uhrzeit	Waffe	Kaliber	Schüsse	Disziplin	Schießstand	Aufsicht

Datum & Uhrzeit	Waffe	Kaliber	Schüsse	Disziplin	Schießstand	Aufsicht

Datum & Uhrzeit	Waffe	Kaliber	Schüsse	Disziplin	Schießstand	Aufsicht

Datum & Uhrzeit	Waffe	Kaliber	Schüsse	Disziplin	Schießstand	Aufsicht

Datum & Uhrzeit	Waffe	Kaliber	Schüsse	Disziplin	Schießstand	Aufsicht

Datum & Uhrzeit	Waffe	Kaliber	Schüsse	Disziplin	Schießstand	Aufsicht

Datum & Uhrzeit	Waffe	Kaliber	Schüsse	Disziplin	Schießstand	Aufsicht

Datum & Uhrzeit	Waffe	Kaliber	Schüsse	Disziplin	Schießstand	Aufsicht

Datum & Uhrzeit	Waffe	Kaliber	Schüsse	Disziplin	Schießstand	Aufsicht

Datum & Uhrzeit	Waffe	Kaliber	Schüsse	Disziplin	Schießstand	Aufsicht

Datum & Uhrzeit	Waffe	Kaliber	Schüsse	Disziplin	Schießstand	Aufsicht

Datum & Uhrzeit	Waffe	Kaliber	Schüsse	Disziplin	Schießstand	Aufsicht

Datum & Uhrzeit	Waffe	Kaliber	Schüsse	Disziplin	Schießstand	Aufsicht

Datum & Uhrzeit	Waffe	Kaliber	Schüsse	Disziplin	Schießstand	Aufsicht

Datum & Uhrzeit	Waffe	Kaliber	Schüsse	Disziplin	Schießstand	Aufsicht

Datum & Uhrzeit	Waffe	Kaliber	Schüsse	Disziplin	Schießstand	Aufsicht

Datum & Uhrzeit	Waffe	Kaliber	Schüsse	Disziplin	Schießstand	Aufsicht

Datum & Uhrzeit	Waffe	Kaliber	Schüsse	Disziplin	Schießstand	Aufsicht

Datum & Uhrzeit	Waffe	Kaliber	Schüsse	Disziplin	Schießstand	Aufsicht

Datum & Uhrzeit	Waffe	Kaliber	Schüsse	Disziplin	Schießstand	Aufsicht

Datum & Uhrzeit	Waffe	Kaliber	Schüsse	Disziplin	Schießstand	Aufsicht

Datum & Uhrzeit	Waffe	Kaliber	Schüsse	Disziplin	Schießstand	Aufsicht

Datum & Uhrzeit	Waffe	Kaliber	Schüsse	Disziplin	Schießstand	Aufsicht

Datum & Uhrzeit	Waffe	Kaliber	Schüsse	Disziplin	Schießstand	Aufsicht

Datum & Uhrzeit	Waffe	Kaliber	Schüsse	Disziplin	Schießstand	Aufsicht

Datum & Uhrzeit	Waffe	Kaliber	Schüsse	Disziplin	Schießstand	Aufsicht

Datum & Uhrzeit	Waffe	Kaliber	Schüsse	Disziplin	Schießstand	Aufsicht

Datum & Uhrzeit	Waffe	Kaliber	Schüsse	Disziplin	Schießstand	Aufsicht

Datum & Uhrzeit	Waffe	Kaliber	Schüsse	Disziplin	Schießstand	Aufsicht

Datum & Uhrzeit	Waffe	Kaliber	Schüsse	Disziplin	Schießstand	Aufsicht

Datum & Uhrzeit	Waffe	Kaliber	Schüsse	Disziplin	Schießstand	Aufsicht

Datum & Uhrzeit	Waffe	Kaliber	Schüsse	Disziplin	Schießstand	Aufsicht

Datum & Uhrzeit	Waffe	Kaliber	Schüsse	Disziplin	Schießstand	Aufsicht

Datum & Uhrzeit	Waffe	Kaliber	Schüsse	Disziplin	Schießstand	Aufsicht

Datum & Uhrzeit	Waffe	Kaliber	Schüsse	Disziplin	Schießstand	Aufsicht

Datum & Uhrzeit	Waffe	Kaliber	Schüsse	Disziplin	Schießstand	Aufsicht

Datum & Uhrzeit	Waffe	Kaliber	Schüsse	Disziplin	Schießstand	Aufsicht

Datum & Uhrzeit	Waffe	Kaliber	Schüsse	Disziplin	Schießstand	Aufsicht

Datum & Uhrzeit	Waffe	Kaliber	Schüsse	Disziplin	Schießstand	Aufsicht

Datum & Uhrzeit	Waffe	Kaliber	Schüsse	Disziplin	Schießstand	Aufsicht

Datum & Uhrzeit	Waffe	Kaliber	Schüsse	Disziplin	Schießstand	Aufsicht

Datum & Uhrzeit	Waffe	Kaliber	Schüsse	Disziplin	Schießstand	Aufsicht

Datum & Uhrzeit	Waffe	Kaliber	Schüsse	Disziplin	Schießstand	Aufsicht

Datum & Uhrzeit	Waffe	Kaliber	Schüsse	Disziplin	Schießstand	Aufsicht

Datum & Uhrzeit	Waffe	Kaliber	Schüsse	Disziplin	Schießstand	Aufsicht

Datum & Uhrzeit	Waffe	Kaliber	Schüsse	Disziplin	Schießstand	Aufsicht

Datum & Uhrzeit	Waffe	Kaliber	Schüsse	Disziplin	Schießstand	Aufsicht

Datum & Uhrzeit	Waffe	Kaliber	Schüsse	Disziplin	Schießstand	Aufsicht

Datum & Uhrzeit	Waffe	Kaliber	Schüsse	Disziplin	Schießstand	Aufsicht

Datum & Uhrzeit	Waffe	Kaliber	Schüsse	Disziplin	Schießstand	Aufsicht

Datum & Uhrzeit	Waffe	Kaliber	Schüsse	Disziplin	Schießstand	Aufsicht

Datum & Uhrzeit	Waffe	Kaliber	Schüsse	Disziplin	Schießstand	Aufsicht

Datum & Uhrzeit	Waffe	Kaliber	Schüsse	Disziplin	Schießstand	Aufsicht

Datum & Uhrzeit	Waffe	Kaliber	Schüsse	Disziplin	Schießstand	Aufsicht

Datum & Uhrzeit	Waffe	Kaliber	Schüsse	Disziplin	Schießstand	Aufsicht

Datum & Uhrzeit	Waffe	Kaliber	Schüsse	Disziplin	Schießstand	Aufsicht

Datum & Uhrzeit	Waffe	Kaliber	Schüsse	Disziplin	Schießstand	Aufsicht

Datum & Uhrzeit	Waffe	Kaliber	Schüsse	Disziplin	Schießstand	Aufsicht

Datum & Uhrzeit	Waffe	Kaliber	Schüsse	Disziplin	Schießstand	Aufsicht

Datum & Uhrzeit	Waffe	Kaliber	Schüsse	Disziplin	Schießstand	Aufsicht

Datum & Uhrzeit	Waffe	Kaliber	Schüsse	Disziplin	Schießstand	Aufsicht

Datum & Uhrzeit	Waffe	Kaliber	Schüsse	Disziplin	Schießstand	Aufsicht

Datum & Uhrzeit	Waffe	Kaliber	Schüsse	Disziplin	Schießstand	Aufsicht

Datum & Uhrzeit	Waffe	Kaliber	Schüsse	Disziplin	Schießstand	Aufsicht

Datum & Uhrzeit	Waffe	Kaliber	Schüsse	Disziplin	Schießstand	Aufsicht

Datum & Uhrzeit	Waffe	Kaliber	Schüsse	Disziplin	Schießstand	Aufsicht

Datum & Uhrzeit	Waffe	Kaliber	Schüsse	Disziplin	Schießstand	Aufsicht

Datum & Uhrzeit	Waffe	Kaliber	Schüsse	Disziplin	Schießstand	Aufsicht

Datum & Uhrzeit	Waffe	Kaliber	Schüsse	Disziplin	Schießstand	Aufsicht

Datum & Uhrzeit	Waffe	Kaliber	Schüsse	Disziplin	Schießstand	Aufsicht

Datum & Uhrzeit	Waffe	Kaliber	Schüsse	Disziplin	Schießstand	Aufsicht

Datum & Uhrzeit	Waffe	Kaliber	Schüsse	Disziplin	Schießstand	Aufsicht

Datum & Uhrzeit	Waffe	Kaliber	Schüsse	Disziplin	Schießstand	Aufsicht

Datum & Uhrzeit	Waffe	Kaliber	Schüsse	Disziplin	Schießstand	Aufsicht

Datum & Uhrzeit	Waffe	Kaliber	Schüsse	Disziplin	Schießstand	Aufsicht

Datum & Uhrzeit	Waffe	Kaliber	Schüsse	Disziplin	Schießstand	Aufsicht

Datum & Uhrzeit	Waffe	Kaliber	Schüsse	Disziplin	Schießstand	Aufsicht

Datum & Uhrzeit	Waffe	Kaliber	Schüsse	Disziplin	Schießstand	Aufsicht

Datum & Uhrzeit	Waffe	Kaliber	Schüsse	Disziplin	Schießstand	Aufsicht

Datum & Uhrzeit	Waffe	Kaliber	Schüsse	Disziplin	Schießstand	Aufsicht

Datum & Uhrzeit	Waffe	Kaliber	Schüsse	Disziplin	Schießstand	Aufsicht

Datum & Uhrzeit	Waffe	Kaliber	Schüsse	Disziplin	Schießstand	Aufsicht

Datum & Uhrzeit	Waffe	Kaliber	Schüsse	Disziplin	Schießstand	Aufsicht

Datum & Uhrzeit	Waffe	Kaliber	Schüsse	Disziplin	Schießstand	Aufsicht

Datum & Uhrzeit	Waffe	Kaliber	Schüsse	Disziplin	Schießstand	Aufsicht

Datum & Uhrzeit	Waffe	Kaliber	Schüsse	Disziplin	Schießstand	Aufsicht

Datum & Uhrzeit	Waffe	Kaliber	Schüsse	Disziplin	Schießstand	Aufsicht

Datum & Uhrzeit	Waffe	Kaliber	Schüsse	Disziplin	Schießstand	Aufsicht

Datum & Uhrzeit	Waffe	Kaliber	Schüsse	Disziplin	Schießstand	Aufsicht

Datum & Uhrzeit	Waffe	Kaliber	Schüsse	Disziplin	Schießstand	Aufsicht

Datum & Uhrzeit	Waffe	Kaliber	Schüsse	Disziplin	Schießstand	Aufsicht

Datum & Uhrzeit	Waffe	Kaliber	Schüsse	Disziplin	Schießstand	Aufsicht

Datum & Uhrzeit	Waffe	Kaliber	Schüsse	Disziplin	Schießstand	Aufsicht

Datum & Uhrzeit	Waffe	Kaliber	Schüsse	Disziplin	Schießstand	Aufsicht

Datum & Uhrzeit	Waffe	Kaliber	Schüsse	Disziplin	Schießstand	Aufsicht

Datum & Uhrzeit	Waffe	Kaliber	Schüsse	Disziplin	Schießstand	Aufsicht

Datum & Uhrzeit	Waffe	Kaliber	Schüsse	Disziplin	Schießstand	Aufsicht

Datum & Uhrzeit	Waffe	Kaliber	Schüsse	Disziplin	Schießstand	Aufsicht

Datum & Uhrzeit	Waffe	Kaliber	Schüsse	Disziplin	Schießstand	Aufsicht

Datum & Uhrzeit	Waffe	Kaliber	Schüsse	Disziplin	Schießstand	Aufsicht

Datum & Uhrzeit	Waffe	Kaliber	Schüsse	Disziplin	Schießstand	Aufsicht

Datum & Uhrzeit	Waffe	Kaliber	Schüsse	Disziplin	Schießstand	Aufsicht

Datum & Uhrzeit	Waffe	Kaliber	Schüsse	Disziplin	Schießstand	Aufsicht

Datum & Uhrzeit	Waffe	Kaliber	Schüsse	Disziplin	Schießstand	Aufsicht

Datum & Uhrzeit	Waffe	Kaliber	Schüsse	Disziplin	Schießstand	Aufsicht

Datum & Uhrzeit	Waffe	Kaliber	Schüsse	Disziplin	Schießstand	Aufsicht

Datum & Uhrzeit	Waffe	Kaliber	Schüsse	Disziplin	Schießstand	Aufsicht

Datum & Uhrzeit	Waffe	Kaliber	Schüsse	Disziplin	Schießstand	Aufsicht

Datum & Uhrzeit	Waffe	Kaliber	Schüsse	Disziplin	Schießstand	Aufsicht

Datum & Uhrzeit	Waffe	Kaliber	Schüsse	Disziplin	Schießstand	Aufsicht

Datum & Uhrzeit	Waffe	Kaliber	Schüsse	Disziplin	Schießstand	Aufsicht

Datum & Uhrzeit	Waffe	Kaliber	Schüsse	Disziplin	Schießstand	Aufsicht

Datum & Uhrzeit	Waffe	Kaliber	Schüsse	Disziplin	Schießstand	Aufsicht

Datum & Uhrzeit	Waffe	Kaliber	Schüsse	Disziplin	Schießstand	Aufsicht

Datum & Uhrzeit	Waffe	Kaliber	Schüsse	Disziplin	Schießstand	Aufsicht

Datum & Uhrzeit	Waffe	Kaliber	Schüsse	Disziplin	Schießstand	Aufsicht

Notizen

Notizen

Notizen

www.ingramcontent.com/pod-product-compliance
Lightning Source LLC
Chambersburg PA
CBHW060411290526
45791CB00002B/703
* 9 7 8 1 0 7 4 3 1 8 5 9 8 *